CARTOONS FÜR **HÄUSLEBAUER**

Wilfried Gebhard

Cartoons für **Häuslebauer**

Lappan

DER AUTOR

Wilfried Gebhard
ist 1944 in Crailsheim geboren, in Stuttgart aufgewachsen und lebt heute im schwäbischen Maulbronn. Nach dem Grafikstudium an der grafischen Fachschule und der staatlichen Akademie der bildenden Künste in Stuttgart arbeitete er zunächst in der Werbung. Später kam er dann zum Cartoon und zur Illustration. Neben sporadischen Veröffentlichungen in zahlreichen Magazinen und Zeitschriften entstehen Arbeiten für Kinderbuchverlage und für das Fernsehen. Bei Lappan sind die Titel *„Gute Besserung"*, *„Oh, diese Raucher"*, *„Viel Spaß beim Bauen"*, *„Viel Spaß beim Fotografieren"*, *„Viel Spaß beim Heimwerken"*, *„Viel Spaß beim Skifahren"*, *„Viel Spaß mit Musik"* und *„Von ganzem Herzen"* erschienen. In der Reihe *„Lappans Cartoon-Geschenke"* ist Wilfried Gebhard mit dem Band *„Cartoons für Eltern"* vertreten.

Konzept und Gestaltung: Dieter Schwalm
Reproduktionen: Litho Niemann + M. Steggemann GmbH, Oldenburg. Gesamtherstellung: New Interlitho S.P.A., Trezzano
Printed in Italy. ISBN 3-89082-515-X

SCHLIESSLICH IST DER EINGANG DIE VISITENKARTE EINES HAUSES
Gebhard

...TUT UNS JA LEID, DASS WIR'S VERGESSEN HABEN, LASSEN IHNEN DAFÜR ABER GERNE DAS KLOHÄUSCHEN HIER
Gebhard

ER SAGT, ER HEISSE SCHNEIDER UND WOLLE EINEN BAUKREDIT BEANTRAGEN
Gebhard

DU HAST SO FEST GESCHLAFEN, DA WOLLTE ICH DICH NICHT WECKEN
Gebhard

In Müller-Thurgaus Fertig-Keller sollen bei der Lieferung sogar schon die Weinregale gefüllt gewesen sein!
Gebhard

ACH JA, DIE HEUTIGEN GRUNDSTÜCKSPREISE
Gebhard

DIE IDEE STAMMT VON MEINER FRAU - SIE HAT IHRE WOLLRESTE LOS UND DIE WÄRMEDÄMMUNG IST OPTIMAL
Gebhard

WIR ZIEHEN BALD AUS – UNSER HÄUSCHEN AM STADTRAND WIRD FERTIG
Gebhard

DAS WAR 'NE EIGENTUMSWOHNUNG, MÜLLERS HABEN SIE BEIM UMZUG MITGE- NOMMEN
© Gebhard

DAFÜR, DASS ES EIN NIEDRIGENERGIEHAUS WERDEN SOLLTE, BRENNT ES NICHT SCHLECHT
Gebhard

BLEIB GANZ RUHIG LIEGEN, ICH HOL SCHNELL DEN GIPSER
Gebhard

IST HIER VORSCHRIFT- SATTELDACH 38°
Gebhard

ACH JA-
DAS VERGASS
ICH ZU SAGEN,
DIE HAUSTÜRE
KLEMMT NOCH
ETWAS
Gebhard

GEWISS, DER KELLER IST ETWAS FEUCHT, ABER WIE WÄR'S WENN SIE IHN ALS POOL NUTZEN WÜRDEN?
Gebhard

...UND IN DIE ANZEIGE SCHREIBEN WIR: UNVERBAUBARE AUSSICHTSLAGE, MEERESBLICK, ...
ZU VERKAUFEN
Gebhard

Herr und Frau Bauerschmitt bekommen ihr Selbstbauhaus geliefert.

HABEN SIE EIGENTLICH NIE AN FERTIG- BAUWEISE GEDACHT?
DAS SAGEN SIE JETZT
Gebhard

Gebhard

MAN SAGT, DASS DIE FINANZIERUNG SEINERZEIT AUF ZIEMLICH WACKLIGEN BEINEN STAND
Gebhard

BEI DER PLANUNG UNSERES HAUSES HATTE DIE SICHERHEIT ALLERHÖCHSTEN STELLENWERT
Gebhard

SIE SELBST HABEN DOCH IMMER VOM "LEBENDEN BAUSTOFF HOLZ" GESPROCHEN
Gebhard

KLEINER BÄR BRAUCHEN KEINE TRENN-WAND, KLEINER BÄR WOHNEN IN WIGWAM
Gebhard

Vielleicht hätten wir vor der Dachbegrünung doch einen Fachmann befragen sollen
Gebhard

...UND DU KLÄUSCHEN- MÖCHTEST DU GAR NICHTS BAUEN?
SCHON, ABER ICH WARTE AUF DEN ROTEN PUNKT
Gebhard

...UND DANN BLIEB MIR NUR NOCH DIE WAHL: FANGNETZ ODER ZAUN
Gebhard

KANNSTE MIR VIELLEICHT MAL ERKLÄREN, WARUM ES BESSER IST, PARKETT SCHWIMMEND ZU VERLEGEN?
Gebhard

Unser neuer Wintergarten!
Gebhard

Schaffa,

spara,

Häusle baua

...

HELGA- NIMM DEN JUNGEN DA RAUS, DER KLEBER BINDET GLEICH AB
Gebhard

...UND WOZU BRAUCHT IHR SO VIELE?
DAS SOLL EINE ÜBERRASCHUNG WERDEN! WIR WOLLEN DEN ELTERN DEN HOF PFLASTERN
WUND PFLASTER
Gebhard

DAS HASTE NUN VON DEINEN VORZÜGEN DER LEICHTBAUWEISE
Gebhard

Herr Kaisers Bemühungen, neue Kunden für eine Bauherren-Unfallversicherung zu gewinnen, waren leider nicht immer erfolgreich.

DOCH, KANN MAN SAGEN, DIE TROCKENBAUWEISE HAT VIELERLEI VORZÜGE
Gebhard

DA WOHNT UNSER GRIECHISCH-PAUKER
Gebhard

BERUHIGE DICH ENDLICH, DIE GIPSPLATTEN SIND SICHER BEFESTIGT
S-KY 524
OPI
BAUMARKT
Gebhard

ICH WERDE DARAUF BESTEHEN, DASS SIE DEN GRENZ-ABSTAND EINHALTEN! ES FEHLEN NAHEZU 2cm UND DABEI IST DAS HAUS NOCH NICHT EINMAL VERPUTZT
Gebhard

DIE HATTEN BESTIMMT DEN FRIEDENSREICH HUNDERTWASSER ALS ARCHITEKT
ACH WAS- SIE HABEN ALLES SELBST GEBAUT
Gebhard

JA UND?
ICH HAB' DOCH DEN AUFTRAG, TÜREN UND FENSTER ZU STREICHEN
Gebhard

JA JA–
WIR SIND VIEL IN
DER WELT HERUM-
GEKOMMEN
Gebhard

ENDLICH EIN TERMIN DER GEHALTEN WURDE
Gebhard

NEIN, CHARLOTTE, DAS WIRD NICHT DER SICKERSCHACHT- ICH HEBE DAS FUNDAMENT FÜR 'NEN LAGERRAUM AUS
Gebhard

Gewiß doch gnädige Frau-
wir übernehmen
die Finanzierung
jeglicher
Gebäude
©Gebhard

ICH BEDAURE, DASS WIR DEN FERTIGSTELLUNGSTERMIN NICHT GANZ EINHALTEN KONNTEN. ANDERERSEITS FREUT ES MICH, IHNEN BEREITS HEUTE DEN SCHLÜSSEL ÜBERGEBEN ZU KÖNNEN
HIER ENTSTEHT EIN SCHLÜSSELFERTIGES
MASSIV HAUS
Gebhard

Herrlich – endlich mit allem fertig zu sein
© Gebhard